O Único Marketing

Descubra o caminho da autenticidade em um universo de imitações.

Copyright

Sumário:

Uma breve introdução

Você já deve ter notado que o mercado está cada vez mais competitivo e que é preciso se destacar para ser notado pelos clientes e obter sucesso nos negócios. Uma das melhores formas de se diferenciar da concorrência (talvez a única) é por meio do mecanismo único.

A estratégia de marketing que busca tornar a marca única e admirada, despertando um desejo de mistério nos clientes e potenciais clientes.

É como se a empresa tivesse um segredo que ninguém mais tem e isso faz com que as pessoas se sintam atraídas pela marca e queiram saber mais sobre ela.

Para criar um mecanismo único, é preciso identificar o que torna a marca especial e diferente das demais. Pode ser um produto exclusivo, uma história inspiradora, uma filosofia diferenciada ou um serviço excepcional. O importante é que esse diferencial seja valorizado pelos clientes e gere uma conexão emocional com a marca.

Ao utilizar o mecanismo único como estratégia de marketing, a empresa pode obter diversos benefícios, como maior engajamento dos clientes, aumento da fidelidade à marca e aumento das vendas. Além disso, a marca se torna mais relevante no mercado e pode se consolidar como referência em seu segmento.

Portanto, se você quer se destacar da concorrência e ser uma marca única e admirada, comece a pensar em como pode criar um mecanismo único para a sua empresa. Identifique o que a torna especial e valorize esse diferencial. Com certeza, isso é o que você encontrará aqui.

A história por trás do conceito

O mecanismo único é uma abordagem estratégica que tem sido cada vez mais adotada por empresas em todo o mundo.

Essa abordagem consiste em criar uma mensagem única e coerente que seja transmitida em todos os canais de marketing, de modo a criar uma imagem de marca consistente e fortalecer a percepção do público-alvo sobre a empresa.

Mas como surgiu a ideia desse mecanismo único de marketing?

Para entender melhor esse conceito, é preciso voltar algumas décadas no tempo e observar como o marketing evoluiu ao longo dos anos.

Nos primórdios do marketing, a abordagem era mais simples e direta. As empresas se concentravam em produzir produtos ou serviços de qualidade e em vendê-los para o maior número possível de clientes. As campanhas publicitárias eram criadas com o objetivo de informar os consumidores sobre os produtos ou serviços disponíveis, destacando suas características e benefícios.

Com o tempo, as empresas perceberam que essa abordagem não era suficiente para se destacar em um mercado cada vez mais competitivo. Surgiram então as primeiras tentativas de criar uma imagem de marca que fosse mais do que apenas um nome ou um logotipo. As empresas começaram a investir em campanhas publicitárias mais elaboradas, que apelavam para as emoções e sentimentos dos consumidores.

Mas foi apenas na década de 1980 que surgiu a ideia do mecanismo único de marketing, que foi popularizada por autores como Al Ries e Jack Trout. Essa abordagem foi inspirada na ideia de que as empresas deveriam se concentrar em uma mensagem única e coerente, em vez de tentar transmitir várias mensagens diferentes ao mesmo tempo.

O conceito de mecanismo único de marketing se baseia na ideia de que as empresas devem identificar um único benefício ou característica de seus produtos ou serviços que seja realmente significativo para os consumidores. Essa característica deve ser enfatizada em todas as campanhas de marketing, independentemente do canal de comunicação utilizado.

O objetivo do mecanismo único de marketing é criar uma imagem de marca forte e coerente, que seja facilmente reconhecida pelo público-alvo. Essa abordagem leva em consideração o fato de que os consumidores são bombardeados por uma infinidade de mensagens de marketing todos os dias. Se uma empresa tentar transmitir várias mensagens diferentes ao mesmo tempo, corre o risco de confundir os consumidores e diluir a percepção da marca.

Por outro lado, se uma empresa se concentrar em uma única mensagem que seja realmente significativa para os consumidores, ela tem mais chances de criar uma imagem de marca forte e coerente. Essa mensagem deve ser enfatizada em todos os canais de comunicação utilizados pela empresa, desde a publicidade tradicional até as redes sociais e o marketing de conteúdo.

Para exemplificar essa ideia, podemos pensar em empresas como a Apple. A marca da Apple é reconhecida em todo o mundo por sua mensagem única de inovação e design. Essa mensagem é enfatizada em todas as campanhas de marketing da empresa, desde os comerciais de televisão até as páginas de produtos em seu site. Como resultado, a Apple conseguiu criar uma imagem de marca forte e coerente que é reconhecida em todo o mundo.

A maneira como as pessoas veem o mundo e interpretam as informações que recebem é influenciada por diversos fatores, como suas experiências de vida, habilidades, conhecimentos, valores e crenças. Esses fatores contribuem para moldar a perspectiva de cada indivíduo, o que por sua vez, leva a diferentes maneiras de enxergar uma mesma solução.

Por exemplo, suponha que uma equipe de profissionais seja convocada para resolver um problema em uma empresa. Cada membro da equipe trará sua própria perspectiva, baseada em sua formação, experiências e habilidades. Alguns membros da equipe podem ser mais analíticos e voltados para os detalhes, enquanto outros podem ser mais criativos e pensar em soluções inovadoras. Alguns podem ter uma visão mais ampla do problema, enquanto outros podem ter uma visão mais focada em aspectos específicos.

Além disso, as emoções e o estado emocional de uma pessoa também podem influenciar sua percepção e interpretação de uma solução. Se alguém estiver passando por um momento difícil ou estiver estressado, pode ser mais difícil para essa pessoa ver soluções alternativas ou ter uma mente aberta para abordagens diferentes. Da mesma forma, alguém que esteja se sentindo confiante e motivado pode ser mais propenso a considerar soluções criativas e inovadoras.

As diferenças de perspectiva podem levar a discussões acaloradas e até mesmo a conflitos em um grupo de trabalho. No entanto, é importante lembrar que essas diferenças podem ser valiosas, pois permitem que a equipe veja o problema de ângulos diferentes e, portanto, chegue a soluções mais abrangentes e eficazes. Quando as pessoas trabalham juntas, é importante reconhecer e valorizar essas diferenças, em vez de tentar suprimi-las.

Outro fator que pode influenciar a maneira como as pessoas enxergam uma solução é a cultura. A cultura de uma pessoa pode influenciar suas crenças e valores, o que por sua vez, pode afetar sua percepção de uma solução. Por exemplo, em algumas culturas, a criatividade é valorizada, enquanto em outras, a conformidade é mais importante. Essas diferenças culturais podem levar a diferentes abordagens para resolver problemas.

Além disso, a forma como as informações são apresentadas também pode influenciar a maneira como as pessoas veem uma solução. Se as informações forem apresentadas de forma clara e concisa, será mais fácil para as pessoas entenderem o problema e as possíveis soluções. Por outro lado, se as informações forem apresentadas de forma confusa ou desorganizada, isso pode dificultar a compreensão do problema e a identificação de soluções.

As diferenças de perspectiva também podem ser influenciadas pela experiência de uma pessoa em um determinado campo. Por exemplo, um engenheiro pode ter uma perspectiva diferente sobre um problema do que um especialista em marketing. Essas diferenças podem levar a abordagens diferentes para resolver um problema e a soluções mais inovadoras e criativas.

É importante lembrar que as diferenças de perspectiva não são necessariamente um obstáculo para encontrar soluções eficazes, mas sim uma oportunidade para aprimorar a criatividade e a colaboração em um grupo. Quando as pessoas compartilham suas perspectivas de maneira aberta e respeitosa, isso pode levar a uma discussão saudável e a uma abordagem mais abrangente do problema. Às vezes, as soluções mais criativas são encontradas a partir da combinação de diferentes ideias e perspectivas.

Vale lembrar que, em certos casos, as diferenças de perspectiva podem ser um obstáculo para a tomada de decisões eficazes. Isso pode ocorrer quando as pessoas têm valores e crenças muito diferentes ou quando suas perspectivas são tão divergentes que não conseguem chegar a um acordo. Nesses casos, pode ser necessário buscar um mediador ou um terceiro que possa ajudar a encontrar um caminho comum.

Para minimizar as diferenças de perspectiva, é importante que as pessoas sejam claras sobre seus objetivos e expectativas. Isso pode ajudar a garantir que todos estejam na mesma página e trabalhando em direção aos mesmos objetivos. Também é importante que todos os membros da equipe tenham acesso às mesmas informações e tenham a oportunidade de expressar suas opiniões.

Em resumo, as diferenças de perspectiva são uma realidade em qualquer grupo ou equipe, e podem ser valiosas na busca por soluções inovadoras e eficazes. No entanto, é importante lembrar que essas diferenças também podem levar a conflitos e que é necessário um esforço para garantir que todos os membros da equipe estejam trabalhando juntos em direção a um objetivo comum. Ao reconhecer e valorizar essas diferenças, podemos aproveitar a diversidade de perspectivas para encontrar soluções mais criativas e eficazes para os desafios que enfrentamos.

Os 2 tipos de mecanismo

O conceito de mecanismo único do problema e da solução surgiu a partir da necessidade das empresas de se destacarem em um mercado cada vez mais competitivo e saturado. As empresas perceberam que precisavam criar uma estratégia de marketing mais eficaz, que fosse capaz de atrair a atenção do público e criar um diferencial competitivo.

A ideia por trás do mecanismo único é bastante simples: identificar um problema comum do público-alvo e fornecer uma solução única e inovadora para esse problema.

A estratégia se concentra em encontrar um problema que o público-alvo enfrenta diariamente e que ainda não foi resolvido satisfatoriamente por outras empresas. A partir disso, a empresa cria uma solução exclusiva que resolve o problema de maneira eficaz e eficiente.

O conceito de mecanismo único foi popularizado por Donald Miller, autor do livro "Building a StoryBrand: Clarify Your Message So Customers Will Listen". Segundo Miller, a maioria das empresas falha em atrair a atenção do público porque não conseguem se comunicar de maneira clara e eficaz. Ele argumenta que as empresas precisam ser capazes de comunicar sua mensagem de maneira clara e simples, para que o público entenda qual é o problema que a empresa resolve e como ela resolve esse problema.

Para implementar o mecanismo único do problema e da solução, a empresa precisa seguir algumas etapas. Em primeiro lugar, é necessário identificar o problema que o público-alvo enfrenta. Para isso, é importante realizar pesquisas de mercado e conversar com o público para entender quais são seus desafios e frustrações. É necessário entender o problema de maneira profunda e detalhada, para que a solução criada seja realmente eficaz e relevante.

Uma vez identificado o problema, a empresa precisa criar uma solução única e inovadora para esse problema. A solução deve ser capaz de resolver o problema de maneira eficaz e eficiente, e deve se destacar das soluções oferecidas por outras empresas. É importante que a solução seja fácil de entender e de usar, para que o público entenda imediatamente como ela pode resolver seu problema.

Para comunicar o mecanismo único de maneira eficaz, a empresa precisa criar uma mensagem clara e simples que destaque a solução exclusiva que ela oferece. A mensagem deve comunicar qual é o problema que a empresa resolve e como ela resolve esse problema. É importante que a mensagem seja fácil de entender e memorizar, para que o público se lembre da empresa quando precisar resolver o problema em questão.

O mecanismo único do problema e da solução pode ser aplicado a diferentes setores. Empresas de tecnologia, por exemplo, podem identificar problemas comuns dos usuários e criar soluções exclusivas que melhoram a experiência do usuário. Empresas de varejo podem identificar problemas comuns dos clientes e criar soluções exclusivas que tornam a experiência de compra mais agradável e conveniente.

Ao implementar o mecanismo único do problema e da solução, as empresas são capazes de se destacar em um mercado competitivo e criar um diferencial competitivo. A estratégia permite que as empresas comuniquem de maneira clara e eficaz como elas podem resolver um problema específico do público-alvo, tornando-se a escolha óbvia.

Ela está em todos os lugares

Não existe a menor possibilidade de você encontrar o mecanismo único sem ela...

A PESQUISA!

Fundamental em todos os aspectos do marketing, desde a identificação do público-alvo até a criação de mensagens de marketing eficazes. Quando se trata de encontrar o mecanismo único do seu produto ou serviço, a pesquisa é especial.

Pode envolver várias etapas, como análise de dados de vendas, análise da concorrência, entrevistas com clientes em potencial e pesquisas de mercado. Ao realizar essa pesquisa, você pode identificar tendências e necessidades do mercado e determinar como seu produto ou serviço pode atender a essas necessidades de forma exclusiva.

Por exemplo, se você está criando uma nova marca de cosméticos, pode realizar pesquisas de mercado para descobrir quais são os problemas comuns que as pessoas enfrentam em relação à sua pele e o que estão procurando em um produto de cuidados com a pele. Com base nessas informações, você pode identificar um mecanismo único do problema que seu produto pode resolver, como a redução da vermelhidão da pele ou a hidratação intensa.

A pesquisa também pode ajudá-lo a identificar as lacunas no mercado que seu produto ou serviço pode preencher. Por exemplo, se você notar que muitos produtos de cuidados com a pele são direcionados para mulheres e há poucas opções para homens, você pode criar um mecanismo único de solução que atenda especificamente às necessidades dos homens.

Ao realizar a pesquisa, é importante ser objetivo e imparcial, e não deixar suas suposições pessoais influenciarem seus resultados. Analise os dados com cuidado e esteja disposto a ouvir feedback negativo ou críticas construtivas. Isso pode ajudá-lo a identificar problemas que você pode não ter considerado anteriormente e a encontrar soluções mais eficazes.

Lembre-se também de que a pesquisa não é uma tarefa única. À medida que seu mercado e sua empresa evoluem, é importante continuar a realizar pesquisas para garantir que você esteja atualizado sobre as necessidades do mercado e as tendências do setor. Isso pode ajudá-lo a identificar novas oportunidades para o crescimento da empresa e manter sua vantagem competitiva.

Em resumo, o mecanismo único do marketing é uma abordagem eficaz para se destacar da concorrência e atrair clientes em potencial. No entanto, a identificação desse mecanismo único não é uma tarefa fácil. É necessário realizar pesquisas abrangentes para identificar tendências e necessidades do mercado e determinar como seu produto ou serviço pode atender a essas necessidades de forma exclusiva. Ao fazer isso, você pode criar uma estratégia de marketing eficaz que construa sua marca e atraia clientes em potencial para o seu negócio.

O mecanismo do problema

Imagine um homem em uma praia, olhando para o horizonte enquanto espera uma grande onda que está prestes a quebrar. Ele sabe que a onda está vindo e que vai engoli-lo, mas não sabe exatamente como se preparar para isso.

Essa cena pode ser vista como uma analogia para o mecanismo do problema no marketing. O homem representa a empresa ou o empreendedor, que sabe que há um problema que está se aproximando, mas ainda não sabe como lidar com ele. A onda representa o problema, que pode ser uma mudança no mercado, uma nova concorrência ou uma nova demanda dos clientes.

Assim como o homem na praia, a empresa precisa estar preparada para enfrentar o problema que está chegando. É preciso ter estratégias e ferramentas adequadas para lidar com a mudança e encontrar soluções criativas para superar o problema.

Começar pelo mecanismo do problema é o passo primordial para encontrar soluções eficientes e satisfatórias para o seu público-alvo. Para isso, é necessário ir além das questões superficiais e se aprofundar nos problemas que o seu público enfrenta.

Para começar, é importante fazer as perguntas certas para entender quais são todos os problemas que o seu prospect enfrenta e como a falta da sua solução pode afetá-lo. É preciso também analisar as soluções que ele já encontrou e por que elas não são eficazes para resolver o problema em questão.

Ao encontrar um padrão nas respostas, é possível identificar um possível sintoma e, a partir daí, buscar a raiz do problema. É importante lembrar que não há atalhos nesse processo, e é necessário trabalhar de forma dedicada e persistente para encontrar o mecanismo único que fará a diferença para o seu público.

Se você perceber que as soluções que o seu prospect já tentou não atingem a raiz do problema, você está a um passo de encontrar a solução ideal. Ao entender qual é o bloqueio que impede o seu prospect de alcançar os resultados desejados, é possível criar uma solução que atenda às suas necessidades de forma eficaz.

Não se contente com soluções superficiais e genéricas. Ao se aprofundar nos problemas do seu público-alvo e encontrar o mecanismo único que fará a diferença, você poderá oferecer uma solução que realmente faça a diferença e conquiste a confiança e a fidelidade dos seus clientes.

Se concentre em identificar e resolver um problema específico do público-alvo. É uma abordagem que visa fornecer uma solução única para um problema que muitas pessoas estão enfrentando, de modo a destacar a marca ou produto no mercado.

A ideia é que, ao apresentar uma solução inovadora e eficaz para um problema comum, a empresa pode atrair a atenção e a lealdade dos consumidores, gerando mais vendas e lucro.

Veja alguns exemplos práticos de como as empresas podem usar o mecanismo único do problema em sua estratégia de marketing digital:

Dollar Shave Club

A Dollar Shave Club é uma empresa de assinatura de lâminas de barbear que se concentra em resolver um problema comum: a compra frequente e cara de lâminas de barbear. Em vez de fazer os clientes irem até a loja para comprar as lâminas, a Dollar Shave Club **oferece a entrega mensal das lâminas em casa por uma taxa fixa.**

A empresa criou um vídeo viral em que o CEO, Michael Dubin, explica a proposta de valor da empresa de uma maneira engraçada e irreverente. O vídeo atraiu milhões de visualizações e ajudou a empresa a crescer rapidamente.

Uber

O Uber é um aplicativo de transporte que resolve o problema de encontrar um táxi ou transporte público confiável. Com o Uber, é possível solicitar um carro particular com apenas alguns cliques no celular.

A empresa usou o mecanismo único do problema para se destacar no mercado de transporte. O Uber reconheceu que muitas pessoas estavam enfrentando problemas para encontrar um transporte confiável e criou uma solução inovadora para resolver esse problema.

Dropbox

O Dropbox é uma empresa de armazenamento em nuvem que se concentra em resolver o problema de armazenamento de dados. Muitas pessoas enfrentam o problema de não ter espaço suficiente para armazenar seus arquivos em seus dispositivos.

O Dropbox resolve esse problema oferecendo um serviço de armazenamento em nuvem, permitindo que as pessoas armazenem seus arquivos em um local seguro e acessem de qualquer lugar do mundo.

Netflix

A Netflix é uma empresa de streaming de vídeo que resolve o problema de encontrar um conteúdo de qualidade para assistir. Antes do surgimento da Netflix, muitas pessoas enfrentavam o problema de não ter acesso fácil a filmes e séries de TV de qualidade.

A Netflix resolveu esse problema criando uma plataforma de streaming de vídeo que oferece uma grande variedade de conteúdo de alta qualidade para assistir a qualquer hora e em qualquer lugar.

Amazon

A Amazon é uma empresa de comércio eletrônico que se concentra em resolver o problema de encontrar e comprar produtos de maneira rápida e conveniente. Antes da Amazon, muitas pessoas enfrentavam o problema de ter que ir até a loja física para comprar produtos.

A Amazon resolveu esse problema criando uma plataforma de comércio eletrônico fácil de usar, que permite aos clientes comprar produtos em poucos cliques e recebê-los em casa.

O mecanismo único do problema em resumo, é uma abordagem de marketing que se concentra em identificar e apresentar um único problema específico que seu produto ou serviço pode resolver de forma exclusiva e eficaz. A ideia é que, ao identificar e comunicar claramente o problema que seu produto ou serviço resolve, você pode se diferenciar da concorrência e aumentar a probabilidade de atrair clientes em potencial.

O mecanismo da solução

Definir o mecanismo da solução é o próximo passo fundamental após identificar a raiz do problema que o seu público enfrenta.

A partir desse ponto, é necessário criar uma solução que ataque diretamente o problema de forma eficaz e que fique bem evidente como o seu mecanismo "corta o mal pela raiz".

Para definir o mecanismo da solução, é necessário responder a algumas perguntas importantes. Primeiramente, é necessário explicar por que a sua solução é melhor do que as outras disponíveis no mercado. Para isso, é preciso destacar os diferenciais e vantagens que ela oferece em relação às demais opções.

Outra pergunta importante é o que em específico a sua solução ataca na raiz do problema. É preciso explicar de forma clara e objetiva como a sua solução soluciona o problema de forma eficaz e por que ela é a melhor opção para o seu público-alvo.

Um exercício importante para desenvolver uma explicação clara e concisa sobre a eficácia da sua solução é responder à pergunta: por que o cliente não teve sucesso com as soluções conhecidas e como a sua solução vai garantir o sucesso dele?

É importante destacar os pontos fracos das soluções disponíveis no mercado e explicar como a sua solução se diferencia ao atacar diretamente a raiz do problema. É necessário mostrar como a sua solução apresenta um mecanismo único que realmente faz a diferença na solução do problema que o seu público enfrenta.

Além disso, é importante oferecer exemplos e casos reais de sucesso de clientes que utilizaram a sua solução e obtiveram resultados efetivos. Isso ajuda a fortalecer a credibilidade da sua solução e a aumentar a confiança do público-alvo.

Outro ponto importante na definição do mecanismo da solução é a simplicidade e a clareza na explicação. É necessário evitar termos técnicos complexos ou explicações confusas que possam dificultar o entendimento do público. A explicação precisa ser clara, objetiva e fácil de compreender para que o público-alvo possa entender a eficácia da sua solução e sentir confiança em utilizá-la.

Por fim, lembro que a definição do mecanismo da solução é um processo contínuo que pode exigir ajustes e adaptações ao longo do tempo. É necessário estar sempre atento às necessidades e demandas do público-alvo e buscar aprimorar a solução constantemente para garantir a sua eficácia e relevância no mercado.

Definir o mecanismo da solução é um passo fundamental para o sucesso de qualquer empreendimento. Ao criar uma solução que ataca diretamente a raiz do problema do seu público-alvo, você pode se destacar no mercado e conquistar a fidelidade e confiança dos clientes. Por isso, é importante investir tempo e dedicação nesse processo e buscar sempre oferecer soluções cada vez mais eficazes e relevantes.

O papel da criatividade na implementação do mecanismo

O mecanismo único do marketing é uma abordagem estratégica que visa destacar uma empresa no mercado por meio de uma proposta de valor única e clara. Essa proposta de valor é o que diferencia uma empresa das demais, tornando-a mais atraente para seus clientes e potenciais clientes.

No entanto, para implementar essa abordagem com sucesso, é essencial contar com um elemento chave: a criatividade. A criatividade é fundamental para criar uma proposta de valor única e para encontrar maneiras inovadoras de apresentá-la ao público-alvo.

A criatividade na definição da proposta de valor única

A proposta de valor única de uma empresa é o que a torna única e diferente das outras. É uma declaração concisa que descreve o valor que a empresa oferece aos seus clientes e como ela se diferencia dos concorrentes.

Para definir uma proposta de valor única, é preciso ter uma compreensão profunda do público-alvo, suas necessidades, desejos e desafios. É preciso pensar em como a empresa pode satisfazer essas necessidades de uma maneira que nenhuma outra empresa é capaz de fazer.

Nesse processo de definição da proposta de valor, a criatividade é essencial para encontrar soluções inovadoras e diferenciadas. A criatividade pode ajudar a empresa a pensar fora da caixa e a encontrar maneiras de satisfazer as necessidades dos clientes de uma maneira que os concorrentes não estão fazendo.

Por exemplo, se uma empresa atua no mercado de produtos naturais, a proposta de valor única pode ser oferecer uma ampla variedade de produtos orgânicos e sustentáveis, o que já é um diferencial no mercado. No entanto, se essa empresa utilizar a criatividade, pode criar uma experiência diferenciada para seus clientes, como uma loja com decoração temática de natureza, eventos e workshops para promover um estilo de vida mais saudável, entre outras ideias inovadoras.

A criatividade na apresentação da proposta de valor única

Além da definição da proposta de valor, a criatividade também é importante na forma como ela é apresentada ao público-alvo. Uma proposta de valor única pode ser incrível, mas se não for apresentada de maneira atraente e envolvente, ela não terá o impacto desejado.

A criatividade pode ajudar a empresa a encontrar maneiras de apresentar sua proposta de valor única de forma clara e impactante, por meio de diferentes canais de marketing. Por exemplo, a empresa pode criar uma campanha publicitária com um vídeo emocionante, que conta a história da marca e destaca a proposta de valor única.

Outra ideia seria criar um blog ou um podcast que aborde temas relevantes para o público-alvo e que estejam alinhados com a proposta de valor única da empresa. Isso ajudará a empresa a construir autoridade no mercado e a atrair mais clientes.

A criatividade também pode ser aplicada na criação de conteúdo para as redes sociais, como posts, imagens e vídeos. É importante que o conteúdo seja criativo e relevante para o público-alvo, e que esteja alinhado com a proposta de valor única da empresa.

A criatividade na resolução de problemas

Uma das características da criatividade é a habilidade de encontrar soluções para problemas complexos e desafiadores. E no mundo do marketing, essa habilidade é essencial para implementar o mecanismo único com sucesso.

Ao longo da implementação do mecanismo único, é provável que a empresa enfrente desafios e obstáculos. Esses desafios podem incluir a falta de recursos, a concorrência acirrada ou até mesmo mudanças repentinas no mercado. Nesses momentos, a criatividade pode ser a chave para encontrar soluções inovadoras e superar esses obstáculos.

Por exemplo, se a empresa estiver enfrentando dificuldades para se destacar no mercado, a criatividade pode ajudar a encontrar novos canais de marketing ou estratégias de comunicação que ainda não foram exploradas pelos concorrentes. A empresa pode usar a criatividade para criar uma abordagem diferente para atingir seu público-alvo.

Além disso, a criatividade também pode ser usada para aprimorar as estratégias de marketing já implementadas. A empresa pode experimentar novas abordagens, testar diferentes canais de marketing e criar conteúdo inovador para envolver o público-alvo de maneira mais eficaz.

A criatividade também pode ajudar a empresa a se adaptar às mudanças do mercado. Em um mercado em constante evolução, é essencial que as empresas estejam dispostas a se adaptar e a mudar sua abordagem de acordo com as necessidades do mercado. E a criatividade pode ser a chave para encontrar novas soluções e ideias que ajudem a empresa a se manter relevante e competitiva.

O mecanismo único do marketing é uma abordagem estratégica que pode ajudar as empresas a se destacarem no mercado e a atrair mais clientes. No entanto, para implementá-lo com sucesso, é essencial contar com a criatividade.

As empresas que incorporam a criatividade em sua abordagem de marketing são mais propensas a encontrar soluções inovadoras e a criar uma experiência única para seus clientes. E isso pode fazer toda a diferença no sucesso e na longevidade da empresa no mercado.

A criatividade é fundamental para a criação do mecanismo único em uma estratégia de marketing. A seguir, apresentamos algumas técnicas que podem ajudar a estimular sua criatividade e encontrar soluções inovadoras:

Brainstorming: Esta técnica envolve a geração de ideias em grupo, sem julgamento ou crítica. O objetivo é gerar o maior número possível de ideias em um curto período de tempo, que posteriormente serão analisadas para selecionar as melhores.

O brainstorming pode ser realizado em equipe ou individualmente.

Mapa mental: Essa técnica envolve a criação de um mapa visual de ideias e conceitos que se conectam entre si. O mapa mental pode ajudar a organizar as ideias e a encontrar novas conexões e soluções criativas.

Pensamento lateral: Essa técnica envolve uma abordagem não linear e fora do comum para a resolução de problemas. Ao invés de seguir uma linha de pensamento lógico e tradicional, o pensamento lateral incentiva a busca por soluções inesperadas e criativas.

Analogias: A técnica de analogias envolve a comparação de ideias e conceitos aparentemente diferentes, buscando por semelhanças e possíveis soluções criativas. Essa técnica pode ajudar a pensar fora da caixa e a encontrar novas perspectivas.

Observação e pesquisa: Para encontrar soluções criativas, é importante observar o mercado, o público-alvo e a concorrência. A pesquisa e a observação podem fornecer insights valiosos que podem ser utilizados na criação do mecanismo único.

Essas são apenas algumas técnicas que podem ajudar a estimular a criatividade na criação do mecanismo único em uma estratégia de marketing. É importante lembrar que cada pessoa tem um processo criativo diferente, e que é preciso experimentar diferentes técnicas até encontrar a que funciona melhor para você.

Técnica dos 6 chapéus

A Técnica dos Seis Chapéus foi criada pelo escritor e consultor Edward de Bono para ajudar as pessoas a pensarem de forma mais criativa e eficiente em grupo. A técnica envolve o uso de seis "chapéus mentais" diferentes, cada um representando um modo diferente de pensar e de abordar o problema em questão.

Cada um dos seis chapéus representa um modo diferente de pensar:

Chapéu branco: representa a informação objetiva e factual, os fatos e os números que ajudam a fundamentar as ideias e a tomar decisões de forma racional.

Chapéu vermelho: representa a intuição, as emoções e as reações pessoais diante do problema em questão. É o momento de expressar sentimentos, intuições e palpites.

Chapéu preto: representa o julgamento crítico e a avaliação negativa das ideias, dos argumentos e das soluções propostas. É o momento de analisar os pontos fracos e as falhas na lógica.

Chapéu amarelo: representa o otimismo, a avaliação positiva e o reconhecimento das ideias e soluções propostas. É o momento de valorizar os pontos fortes e as oportunidades.

Chapéu verde: representa a criatividade e a geração de ideias novas e inovadoras. É o momento de pensar fora da caixa, de explorar novas possibilidades e de encontrar soluções inusitadas.

Chapéu azul: representa a visão geral, a gestão do processo e a organização das ideias e soluções propostas. É o momento de avaliar a eficácia das estratégias propostas e de pensar no próximo passo.

A ideia da técnica é que, ao usar cada um desses chapéus de forma separada e sistematizada, os participantes conseguem explorar o problema em questão de forma mais completa e eficiente, avaliando-o de diferentes ângulos e encontrando soluções mais criativas e inovadoras.

A Técnica dos Seis Chapéus pode ser usada em diversas situações, como em reuniões de equipe, na elaboração de projetos e estratégias de marketing, no desenvolvimento de novos produtos ou serviços, entre outras. Para usar a técnica, é importante estabelecer regras claras para a sua aplicação, como definir o tempo de cada etapa, respeitar a vez de cada participante e evitar críticas e julgamentos prematuros.

Ligando as pessoas ao mecanismo único

O mecanismo único é uma abordagem de marketing que visa identificar e destacar a singularidade de um produto ou serviço em relação aos seus concorrentes. No entanto, é importante destacar que essa singularidade só é possível graças à presença e influência das pessoas no processo de criação e utilização dos produtos.

As pessoas são o centro do mecanismo único, pois são elas que identificam os problemas que precisam ser resolvidos e buscam soluções que atendam às suas necessidades e desejos. São elas também que avaliam e comparam as opções disponíveis no mercado e decidem qual produto ou serviço é o mais adequado para as suas demandas.

Além disso, as pessoas também são responsáveis por contribuir com ideias e feedbacks que ajudam a aprimorar e aperfeiçoar os produtos e serviços oferecidos. A partir dessas informações, as empresas podem identificar os pontos fortes e fracos dos seus produtos, bem como as oportunidades de melhoria e inovação.

É importante destacar que o mecanismo único não é uma estratégia única e definitiva, mas sim um processo contínuo de melhoria e aprimoramento. As empresas precisam estar constantemente atentas às demandas e expectativas dos consumidores, a fim de identificar novas oportunidades de desenvolvimento e inovação.

É fundamental que as empresas invistam em pesquisas de mercado e análise de dados para entender as necessidades e desejos dos seus consumidores. A partir dessas informações, é possível desenvolver produtos e serviços que atendam às demandas do público-alvo, tornando-se únicos em relação aos seus concorrentes.

No entanto, a criação de um mecanismo único não deve ser vista como um processo isolado e restrito às empresas. As pessoas também têm um papel importante a desempenhar nesse processo, uma vez que são elas que identificam as necessidades e problemas que precisam ser solucionados.

As empresas devem estar abertas a ouvir e considerar as opiniões e feedbacks dos seus clientes, a fim de aprimorar e aperfeiçoar seus produtos e serviços. Além disso, as empresas também podem incentivar a participação ativa dos consumidores na criação e desenvolvimento de novos produtos, por meio de pesquisas de opinião e grupos de discussão.

Em resumo, o mecanismo único só existe por causa das pessoas, pois são elas que identificam as necessidades e problemas que precisam ser solucionados, bem como as soluções que melhor atendem às suas demandas. As empresas precisam estar constantemente atentas às necessidades e expectativas do seu público-alvo, a fim de desenvolver produtos e serviços que sejam únicos e diferenciados em relação aos seus concorrentes.

Por isso, é importante que as empresas invistam em pesquisas de mercado e análise de dados, a fim de compreender as necessidades e desejos dos consumidores. Além disso, as empresas também devem estar abertas a ouvir e considerar os feedbacks e opiniões dos seus clientes, a fim de aprimorar e aperfeiçoar seus produtos e serviços. Somente assim é possível criar um mecanismo único que seja verdadeiramente eficiente e eficaz.

Conectando os 2 mecanismos

O mecanismo único da solução é a chave para resolver um problema específico, mas sua existência é diretamente relacionada ao mecanismo único do problema em questão. Em outras palavras, é impossível ter uma solução única e eficaz sem entender a fundo a raiz do problema que ela busca solucionar.

Imagine um paciente com dores de cabeça constantes. Se um médico apenas receitar um analgésico, pode até aliviar a dor temporariamente, mas não estará atacando a raiz do problema. O mecanismo único desse problema pode ser a alimentação desequilibrada, falta de sono ou até mesmo um problema de visão que causa tensão muscular na região da cabeça.

Ao entender a raiz do problema, o médico poderá prescrever um tratamento específico que não só aliviará a dor, mas tratará a causa subjacente. Da mesma forma, ao definir o mecanismo único do problema, é possível desenvolver uma solução única e eficaz que ataque esse problema de frente.

Por exemplo, se o problema é a falta de eficiência em um processo de produção em uma fábrica, é necessário entender os motivos dessa ineficiência. O mecanismo único pode ser uma máquina específica que trava constantemente, um funcionário que não está sendo treinado adequadamente ou um processo mal estruturado.

Ao entender o mecanismo único do problema, é possível desenvolver uma solução única que ataque esse problema de frente. Pode ser uma máquina mais moderna que não trava, um treinamento específico para o funcionário ou uma reestruturação do processo de produção para torná-lo mais eficiente.

Em outras palavras, o mecanismo único da solução é criado a partir do entendimento profundo do mecanismo único do problema. Isso é essencial para desenvolver uma solução eficaz e única que realmente resolva o problema e não apenas alivie os sintomas.

Muitas empresas cometem o erro de desenvolver soluções que não abordam o mecanismo único do problema, o que resulta em uma solução que não atende às necessidades do cliente. É necessário, portanto, ter uma abordagem orientada ao cliente e entender profundamente suas necessidades e problemas antes de desenvolver uma solução.

Ao entender a raiz do problema, também é possível desenvolver soluções que não apenas atacam o problema de frente, mas que também resolvem problemas adjacentes ou problemas secundários que surgem a partir do problema principal. Isso pode ser especialmente valioso para os clientes, que muitas vezes enfrentam vários problemas simultaneamente.

Veja só esses exemplos abaixo:

Mecanismo Único do Problema: O dilema dos lanches noturnos. Muitas pessoas lutam para evitar os lanches tarde da noite, o que pode atrapalhar sua dieta e seus objetivos de perda de peso.
Mecanismo Único da Solução: Estratégias para lidar com a fome à noite, como ter opções saudáveis de lanches prontas para consumo, beber água ou chás e estabelecer horários específicos para as refeições.

Mecanismo Único do Problema: O sedentarismo. Com o estilo de vida moderno, muitas pessoas passam a maior parte do tempo sentadas, o que pode levar ao ganho de peso e problemas de saúde.
Mecanismo Único da Solução: Incentivo à atividade física, incluindo ideias de exercícios simples que podem ser feitos em

casa ou no escritório, e estratégias para tornar a rotina diária mais ativa.

Mecanismo Único do Problema: O hábito de comer fora de casa. Muitas pessoas têm dificuldade em manter uma dieta saudável quando comem fora de casa, seja em restaurantes ou fast-foods.
Mecanismo Único da Solução: Dicas para escolher opções mais saudáveis em restaurantes, como olhar as informações nutricionais do menu, fazer modificações simples nos pratos e ter um plano antes de sair de casa.

Mecanismo Único do Problema: O açúcar escondido nos alimentos. Muitas vezes, alimentos que parecem saudáveis contêm grandes quantidades de açúcar adicionado, o que pode sabotar uma dieta de perda de peso.
Mecanismo Único da Solução: Educação sobre a leitura de rótulos e a identificação de açúcar oculto em alimentos aparentemente saudáveis, além de sugestões de alternativas mais saudáveis.

Mecanismo Único do Problema: A falta de tempo para cozinhar. Muitas pessoas lutam para encontrar tempo para cozinhar refeições saudáveis em casa, o que pode levar a escolhas alimentares menos saudáveis.

Mecanismo Único da Solução: Dicas para preparar refeições saudáveis em pouco tempo, como usar ingredientes pré-preparados e receitas simples, além de sugestões de refeições saudáveis para comer fora de casa.

Mecanismo Único do Problema: O desejo por alimentos ricos em gordura e carboidratos. Muitas pessoas lutam contra desejos intensos por alimentos que não são saudáveis para uma dieta de perda de peso.

Mecanismo Único da Solução: Estratégias para lidar com os desejos alimentares, como distrair-se com outras atividades, fazer escolhas mais saudáveis e permitir-se uma pequena quantidade do alimento desejado.

Agora, veja alguns exemplos reais de como foram implementados na prática.

Utilizado pela empresa de suplementos alimentares BioFit. Eles usam o mecanismo único da solução, apresentando um produto que contém uma combinação específica de probióticos que, segundo a empresa, ajuda a reduzir a inflamação, melhorar a saúde digestiva e, consequentemente, auxiliar na perda de peso.

Outro exemplo interessante é o mecanismo único do problema utilizado pelo programa de emagrecimento Whole30. Eles se concentram em identificar e eliminar alimentos inflamatórios que podem estar causando ganho de peso e outros problemas de saúde. Eles afirmam que, ao seguir sua dieta rigorosa por 30 dias, os participantes podem curar seu corpo e melhorar sua saúde de forma significativa.

A empresa de shakes de proteína IdealShape usa um mecanismo único da solução, promovendo shakes que ajudam a controlar o apetite e substituir refeições menos saudáveis, como fast-food. Eles afirmam que seus shakes são uma maneira fácil e conveniente de obter os nutrientes necessários para o corpo, sem exagerar nas calorias.

E o último exemplo de mecanismo único da solução é a empresa de roupas de ginástica Athleta. Eles se concentram em criar roupas confortáveis e estilosas para mulheres que desejam se exercitar e se sentir bem enquanto o fazem. A empresa afirma que suas roupas são feitas com tecidos de alta qualidade e projetadas para ajudar as mulheres a se moverem livremente, sem restrições.

A estrutura perfeita

Em marketing, existem algumas estruturas e perguntas que podem ser úteis para criar um mecanismo único, tais como:

Análise de concorrência: É importante entender o que seus concorrentes estão oferecendo e como eles estão se posicionando no mercado. Isso pode ajudar a identificar oportunidades para se diferenciar e criar um mecanismo único que atenda às necessidades e desejos dos clientes de maneira diferente do que a concorrência.

Definição do público-alvo: É fundamental conhecer seu público-alvo e entender suas necessidades, desejos e comportamentos de compra. Com base nessas informações, é possível criar um mecanismo único que atenda às necessidades específicas desse grupo de clientes.

Identificação do valor único: Pergunte a si mesmo: o que torna o meu produto ou serviço único? O que o diferencia da concorrência? O que o torna a melhor escolha para o meu público-alvo? Identificar o valor único do seu produto ou serviço pode ajudar a criar um mecanismo único forte.

Desenvolvimento da proposta de valor: A proposta de valor é uma declaração clara e concisa que comunica o valor único que seu produto ou serviço oferece aos clientes. É importante desenvolver uma proposta de valor forte e clara para ajudar a diferenciar sua marca e criar um mecanismo único.

Teste e validação: Depois de desenvolver um mecanismo único, é importante testá-lo e validá-lo com clientes reais. Isso pode ajudar a identificar pontos fortes e fracos e a refinar o mecanismo único para torná-lo mais eficaz.

Para encontrar uma maneira única de tornar o seu produto atrativo, você pode fazer as seguintes perguntas:

Qual é o meu público-alvo e quais são suas necessidades e desejos?

O que torna meu produto diferente dos produtos concorrentes e como posso destacar essas diferenças?

Quais são os recursos e benefícios mais valiosos do meu produto e como posso comunicá-los de forma clara e atraente para meu público-alvo?

Qual é o tom e a mensagem mais apropriados para minha marca e como posso transmiti-los de forma eficaz?

Como posso criar uma experiência de usuário única e agradável em torno do meu produto, seja através da embalagem, do atendimento ao cliente ou de outras iniciativas?

Respondendo essas perguntas você estará no caminho certo.

Conclusão

Espero que tenha ficado claro o quanto o mecanismo único pode ser importante para o sucesso de uma marca no mercado. Ao criar um diferencial valorizado pelos clientes e que gere conexão emocional com a marca, é possível se destacar da concorrência e se tornar uma referência no segmento.

É importante lembrar que a criação do mecanismo único requer dedicação e trabalho, mas os resultados podem ser muito positivos. Ao utilizar essa estratégia de marketing, a empresa pode aumentar a fidelidade dos clientes, o engajamento com a marca e, consequentemente, aumentar as vendas.

Portanto, se você está em busca de destaque no mercado e quer criar uma marca única e admirada, comece a pensar em como pode utilizar o mecanismo único a seu favor. Identifique o que torna sua marca especial e valorize esse diferencial. Com trabalho duro e dedicação, tenho certeza que você pode conquistar o sucesso que almeja.

Quem é Matheus Martins Soares?

 Matheus é um Ex-Militar / Agente Presidencial, formado em Marketing desde 2018 e especialista em copywriting. Já escreveu para mais de 27 nichos diferentes, mostrando sua habilidade em se adaptar a diferentes temas e públicos. Ao longo de sua carreira, trabalhou em grandes empresas, como a maior revista de negócios do país e a maior assessoria de marketing do Brasil. Contribuiu para o sucesso de campanhas importantes, gerando + 30mm em vendas para seus clientes. Publicou mais de 100 livros na Amazon e obteve leitores em mais de 10 países diferentes. Especialista em StoryTelling e UX Writing, também atua nos bastidores como GhostWriter, dando voz às ideias e histórias de outras pessoas. Seu método é capaz de escrever um livro em menos de 24 horas.

Com uma visão estratégica e conhecimentos em marketing, ajuda empresas, autores e projetos literários a alcançarem o sucesso. Se encontrou no mundo do marketing, da escrita e do comportamento humano, sua habilidade em se adaptar a diferentes desafios é um diferencial que o destaca em sua área.